AUDREY'S WORDS

オードリー・ヘップバーン
愛される人になるための
77の言葉

この世で
一番素敵なことは
笑うことだと、
心の底から
思います。

I honestly think
it's the thing I like most,
to laugh.

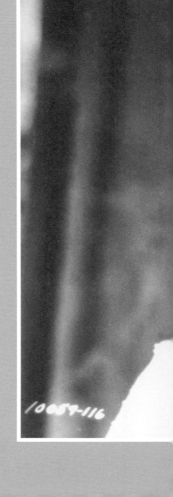

オードリー・ヘップバーン。
「永遠の妖精」と謳われ、世界中から愛されたこの大女優の名を知らない人はいないでしょう。

清楚でキュートな王女を演じた『ローマの休日』、純粋でユーモラスな高級コールガールを演じた『ティファニーで朝食を』、洗練されたレディに変身する田舎娘を演じた『マイ・フェア・レディ』……スクリーンに映るオードリーの姿はどれも印象深く魅力的で、観る人の心に深く入り込み、感動を与えます。

1953年にハリウッド・デビューを果たして以来、オードリーは世界中の人々を魅了し続けてきました。

優雅で気品にあふれ、ファッショナブルでエレガント。洗練された身のこなしに、少年のようにスレンダーなボディ。清純でチャーミングな笑顔。1993年に他界してからも、「美しい女性」や「好きな女優」、「映画スターベスト100」等のランキングには毎回のように上位に入選するなど、その人気はいまだに健在です。

なぜ、彼女はこれほど愛されるのでしょうか。
麗しい美貌(びぼう)のおかげでしょうか?
素晴らしい演技力のおかげでしょうか?
スクリーンに映り込んだ姿を観るだけでも、彼女の魅力は数えきれないほど挙げることができます。

しかし私たちは、目に見える彼女の外側だけではなく、その内側からあふれる何かに惹かれているのではないでしょうか。

オードリーは自分について語ることが少なかったといわれますが、世界の注目にさらされるなか、心に響く数々の言葉を残しています。この本で紹介するのは、そんな彼女が残した言葉の一部です。

彼女の内面からあふれ、私たちを魅了するものが何なのか……オードリー自身の言葉を読み解いて、彼女のことをより深く知ることができたとき、あなたは新しいオードリーに出会えるはずです。

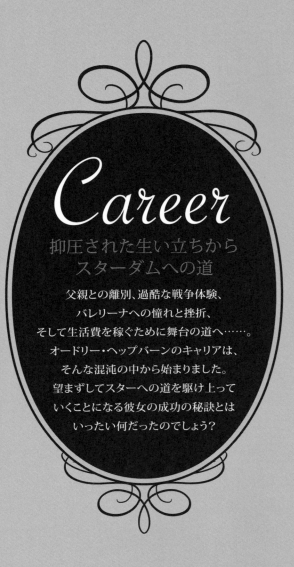

Career

抑圧された生い立ちから スターダムへの道

父親との離別、過酷な戦争体験、
バレリーナへの憧れと挫折、
そして生活費を稼ぐために舞台の道へ……。
オードリー・ヘップバーンのキャリアは、
そんな混沌の中から始まりました。
望まずしてスターへの道を駆け上って
いくことになる彼女の成功の秘訣とは
いったい何だったのでしょう？

1

私は母から人生観を
与えられました。
他者を優先しないのは、
恥ずべきことでした。
自制心を保てないのも、
恥ずべきことでした。

1929年5月4日、オードリー・ヘップバーンはベルギーのブリュッセルで誕生しました。オードリーの母親のエラは、オランダの由緒ある貴族の出身で、規律と道徳にとても厳しい人でした。エラは娘を深く愛していましたが、それをあまり表に出さず、内向的だった5歳のオードリーをロンドンの寄宿学校に入れるなどして厳しくしつけました。オードリーはいつも寂しさを抱え、決して愛情に満ちたとはいえない子ども時代を過ごしましたが、その厳しい教育はオードリーの気品と誠実さの基礎を作っていきました。

2

二十歳の頃は
無我夢中でした。
自分が何をやっているのか、
まったくわからなかったと
言ってもいいくらいです。

1950年。「背が高すぎる」という理由からバレリーナの夢を諦めることになった21歳のオードリーは、映画女優の道を歩み始めました。女優になったのは、母親と自分の生活費を稼ぐためだったといいます。駆け出しの頃に端役で出演した映画はどれも話題にはならず、彼女に目を留める人はほんのわずか。数年後には知らない人が誰もいないほどの大スターとなるオードリーの女優としての出発は、驚くほどひっそりとしたものだったのです。周りからの期待も賞賛もほとんどないなかで彼女は演技の仕事を一心不乱にこなし、少しずつ、しかし確実に大女優への道を進み始めたのです。

3

与えられた仕事が
できるような
ふりをしたことは、
一度もありません。

作家のシドニー=ガブリエル・コレットに見出されたオードリーは、ブロードウェイの舞台『ジジ』の主役に大抜擢されました。演技に関して素人同然だった彼女は自分に経験が足りていないことを知っていましたが、それを取り繕ってごまかしたりはしませんでした。未熟ながらも自分にできる最大限の結果を出すために、努力を惜しまなかったというオードリー。彼女は手にした仕事のひとつひとつに正面から向き合って、そこで得たものすべてを自分の糧にして成長していったのです。

4

チャンスは、そう何度も
訪れるものではありません。
だから、いざその時が
来たら、とにかく掴んで
自分のものにすべきです。

1951年に行われた、映画『ローマの休日』のスクリーンテストにまつわるこんなエピソードが残っています。撮影の終わりを告げられても、オードリーは無邪気な態度を崩しませんでした。まだカメラが回っていることに気づいた彼女は、「ヒロイン」らしい演技を続けていたのです。カメラが回ったままだったのは、女優のありのままの表情が見たいというウィリアム・ワイラー監督の希望によるものでした。愛らしさと無邪気さ、そして知性とユーモアにあふれた彼女こそ、王女役にふさわしいと考えた監督は、当時まだ無名に近かった彼女をヒロインに抜擢したのです。

5

飢えに耐えて
生きのびた人間は、
ステーキがよく焼けて
いないからといって
突き返したりはしません。

オードリーは幼い頃に戦争を経験しています。ドイツ軍に占領されたオランダで、何年もの間不自由な生活を強いられたのです。財産はすべて没収され、食糧と燃料は常に不足していました。オードリーはひどい飢えに苦しみ、終戦が近づく頃には栄養失調で起き上がれないほど衰弱していたといいます。その経験が彼女の価値観を変えたのです。平和への感謝、自由の大切さ、命を慈しむこと、目の前にあるものへの感謝を忘れないこと……悲惨な戦争はオードリーの人生に大きな影響を及ぼしたのです。

6

きっぱりと
決断する人だけが
成功できるのです。

1953年、映画『ローマの休日』の公開直前に、オードリーは実業家ジェームズ・ハンソンとの婚約を解消しました。自分の家庭を持つことを強く望んでいた彼女ですが、冷静な熟考を重ねた結果、女優の仕事が軌道に乗り始めた今は、まだ結婚すべき時ではないと判断したのです。その潔い決断を尊重してくれたハンソンとは、別れた後も良き友人であり続けました。この大きな決断が分岐点となったかのように、彼女はその後『ローマの休日』の王女役で全世界の注目を集め、大スターへの道を一気に駆け上がっていくのでした。

7

誰でも、不安が完全に
消えることはありません。
もしかしたら、成功するほど、
自信は揺らぐものかも
しれません。

1954年、オードリーは映画『ローマの休日』の演技でアカデミー賞を、舞台『オンディーヌ』の演技でトニー賞を、それぞれ受賞しました。アメリカでデビューしてからわずか3年で映画界と演劇界の頂点に立った彼女ですが、押し寄せる記者たちに対して謙虚な姿勢を貫き、こう言いました。「大きすぎて大人にならなければ使えないものをもらった子どものような気分です」。二つの賞は自分には大きすぎると、謙遜ではなく本当に思っていたのです。周りがどれほど褒め讃えても、オードリーは自分を見失うことはなく冷静で、成功が大きくなるほどに迫りくる自己不信と闘っていました。

8

お世辞からは
何も生まれないのです。

オードリーは嘘とお世辞が嫌いでした。人に好かれたいとは思っていましたが、好かれるために人に迎合することはせず、誠実に言葉を選んで話し、衝動的な行動をしたりもしませんでした。すべての言動は、誠実な彼女のポリシーに沿うようきちんと熟考されていたのです。このポリシーは周囲から自分に対しての言葉についても同様でした。映画『ローマの休日』での成功後、周りには賞賛の言葉があふれましたが、それに流されて自分の信念を曲げるようなことはなかったのです。

9

不安や劣等感を
プラスに変える唯一の方法は、
集中力のある強い精神を
身につけることです。

27歳になったオードリーが、多くの出演依頼から次の作品に選んだのは、映画『パリの恋人』。彼女にとって初のミュージカル映画でした。共演は、20世紀を代表する天才ダンサーであるフレッド・アステアです。オードリーは撮影開始前からダンスの猛レッスンを始め、周りの人々が心配するほどの努力を自分に課しました。「私が懸命に努力して準備につとめるのは、自分がまだその役を演じる用意ができていないのではないかという不安の表れなのです」。彼女は常に自分に対して不安を抱いていました。積み重ねた努力だけが、それに打ち勝つ自信を与えてくれたのです。

10

私の最大の長所は
不満を抱くことです。

人は誰もが、自分に対する不満を少なからず抱えているものです。オードリーも、自分の容姿や演技に対して常に大きな不満を抱えていました。しかし彼女は、自分に対する不満をネガティブなものだと切り捨てるのではなく、それを向上心に変えて自分を磨き、高める努力をしていました。自分に対する強い不満こそが、彼女の限りない努力の根源だったのです。

11

これは今までに
私が演じた役のなかで、
最高のものです。
なぜなら、一番難しい
役だったからです。

映画『ティファニーで朝食を』でオードリーが演じたのは、明るくて純粋な高級コールガールの役でした。1954年にメル・ファラーと結婚し、息子が生まれたばかりだった彼女は最初、あまりにも自分とは違うタイプの女性という理由でこの役を演じることをためらいました。そして次に、だからこそ挑戦する価値があると考えたのです。自分にはハードルが高いと思えるものに勇気を持って挑戦した結果、魅力的な新しい女性像が誕生しました。『ティファニーで朝食を』は大ヒットし、オードリーの代表作となったのです。

12

映画を一本
撮り終えるたびに、
自信がふくれあがったり、
しぼんだりしました。

「私にはブロードウェイを観た人たちの失望が理解できました」。大ヒットミュージカル『マイ・フェア・レディ』の映画化で、主役に抜擢されたオードリー。待ち焦がれた大役に最初は大喜びしますが、ブロードウェイ版の主役を演じて高く評価されていたジュリー・アンドリュースと比べられることに大きな不安も感じていました。オードリーは必死で歌のレッスンに励みましたが、結局ほとんどのシーンの歌をプロの歌手によって吹き替えられてしまいます。その演技は素晴らしく、映画も大ヒットしましたが、彼女はひどく落ち込みました。一見華やかに見えるその道は、常に苦悩と隣り合せだったのです。

13

すべての悪い習慣は
人を硬直させます。
硬直は避けるべきです。
それは人を衰えさせます。

「人それぞれに自分のスタイルというものがあります。いったんそれを発見したら、最後までそれを貫き通すべきだと思います」。かつてはそう語っていたオードリーでしたが、その心境に変化が表れました。夫メルとの結婚生活がうまくいかなくなってきたオードリーは、映画『いつも2人で』に出演する決心をします。その作品には水着になるシーンやベッドシーンもあり、以前なら出演を断るような内容でした。しかしオードリーは、今まで避けていたようなことに挑戦することで、新しい変化を望んだのです。

14

成功は
誕生日みたいなもの。
待ちに待った誕生日が
きても、自分は何も
変わらないでしょう?

ハリウッドを代表する大女優になるという大きな成功を手にしても、オードリーはなにひとつ変わりませんでした。いつでも誠実で、誰に対しても親切だったと、彼女を知る多くの人々は口をそろえて言います。スターダムへの道を一歩進むたびに、彼女を取り囲む環境はめまぐるしく変化しましたが、オードリーにはそれらに惑わされず、自分自身を保ち続ける強さがありました。

15

何でも最後には
ご褒美が待っている
ものなのです。
私の人生は、それを
体現しています。

「幸運は都合よく落ちてくるものではない。まずはあなたが行動すること」。オードリーは母親からそう教えられていました。その教えに従い、ひとつひとつの目標に向かって、多大な努力を重ねた先には、いつも「ご褒美」があったと語っています。与えられた幸運に感謝しつつ、次の幸運を引き寄せるための努力を惜しまない。オードリーのスターダムへの道は、そうやってできあがっていったのです。

Beauty

輝きの裏側にある強さ

映画『ローマの休日』で
一躍スター女優となったオードリー。
そのたぐいまれな美しさ、優雅さ、無邪気さは、
男女問わず人々の心を掴み、
熱狂の渦を巻き起こしました。
世界中を虜にしたオードリーの美しさの
秘密とは何だったのでしょう?

16

優雅さこそが、
決して色あせない
美しさに繋がるもの。

オードリーは悪態をつくこともなければ、声を荒らげることもほとんどありませんでした。彼女の完璧ともいえるマナーや洗練されたセンス、そして品格のある態度は、誰もが驚くほどだったといいます。彼女がそこにいるだけで、その場が上品な雰囲気になるのです。母エラの厳格なしつけを受けて育ったオードリーは自分を律することに長けていて、どんな時でも優雅さを失いませんでした。その優雅さこそが、女性の最大の魅力だと考えていたのです。

17

自分をきれいだと
思ったことなんて
ありません。

世界中の女性が憧れる美貌とスタイルを持っていたにもかかわらず、オードリーは自分の容姿に関して、多くのコンプレックスを抱えていました。痩せすぎで、歯並びが悪く、顔が四角くて、鼻孔が大きすぎる……本気で自分のことをそう思っていたのです。コンプレックスを抱えるのは辛いものですが、現状に対する不満は自分をさらに磨こうとする向上心に繋がります。オードリーの洗練された美貌とスタイルも、コンプレックスがあったからこそ生まれた、彼女の努力と研究の賜物なのです。

18

こんなに薄い胸やとがった肩、
大きな足や鼻をしていなければ
いいのにと思います。
でも実際には、神様から
頂いたものに感謝しています。
これでうまくやっていますから。

マリリン・モンローのようにグラマラスな女性が好まれた時代にあって、オードリーはすらりと背が高く、胸も小さめでした。しかし彼女は、本当の「女らしさ」とは心の深いところで感じさせるものだと知っていました。「私は女らしさを表現するときにベッドルームを必要としません」と言い切り、ちょっとした表情や仕草で、女性的な魅力を表現したのです。世界中の女性がスクリーンに映し出されたその姿に憧れました。女性の魅力は豊満なバストだけではない……オードリーはそれを自ら体現して、新しい女性像を作り上げたのです。

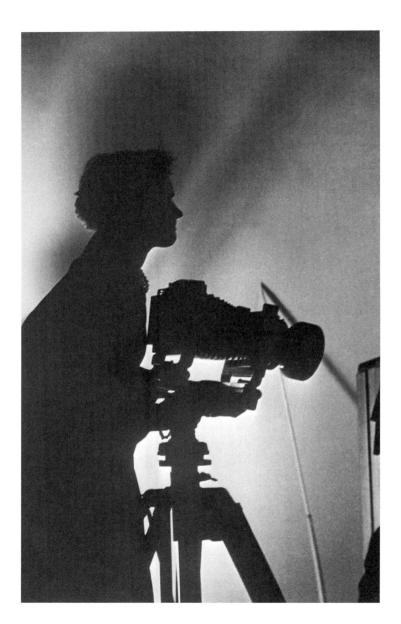

19

自分の欠点から目をそらさず、きちんと向かい合い、欠点以外に磨きをかけるのです。

容姿に対するコンプレックスを乗り越えようと、オードリーは、自分を少しでも美しく見せるための試行錯誤を重ねました。カメラに写る顔の角度やポーズ、自分の顔色が映える服の色まで研究しました。特にアイメイクにはこだわり、いつも信頼できるメイクアップ・アーティストと仕事をしました。オードリーと顔を合わせた人々は、まず大きく美しい瞳に惹き付けられます。目を強調することで、ほかの欠点を目立たせないようにしたのです。世界一美しい目の持ち主だと賞賛されるたびに、彼女はこう言いました。「いいえ、世界一美しいアイメイクです」。

20

自分を客観的に
見なくては。
ひとつの道具のように
自分を分析するのです。

終戦後、ロンドンの有名なバレエ・スクールのオーディションに合格し、奨学金を受けて入学したオードリーでしたが、戦時中の食糧難の反動か、手当たり次第にものを食べてしまい、体重が9キロ近く増えてしまいます。しかし、プロのバレエダンサーになるため、自分の身体を徹底的に管理して、ほっそりとした体形への減量に成功しました。彼女は鋭い自己分析眼を持っていて、いま自分が何をすべきかを常に考えていたのです。その後もさまざまな誘惑に目もくれず、ただひたすら自分のバレエの技術を磨くことに専念したオードリー。女優になったのちも、この時代に培った忍耐力やバレリーナらしい所作は、彼女にとって大きな武器となりました。

21

ダンサーは自分の姿勢が
優雅でないときは、
すぐそれに気づくよう
訓練されているんです。

「ダンサーはリラックスするときでさえ、だらしなくなることはありません」。バレエ・スクールでの厳しい訓練、とくに優雅な動きと美しい姿勢を保つ練習は、オードリーの身体にしっかりと刻み込まれ、彼女の行動の一部となっていました。洗練された美を支えるのは、優雅な所作と、背筋の伸びた姿勢です。普段からそれを意識することの大切さを、オードリーはよく理解していました。自分の所作と姿勢に常に気を配ることはなかなか骨の折れることですが、オードリーは強靭な精神力でそれをやってのけ、優雅な所作と美しい姿勢を自分のものにしたのです。

22

女性は美しくあると
同時に、知的で
いることも大切です。

読書家だったオードリーは、いつでも知的好奇心を持ち続けていました。相手を問わず屈託のないおしゃべりをし、経験を糧にして知識を増やすことで話題の幅を広げていました。だからこそ誰に対しても適切な対応をとることができたのです。また知人たちは口をそろえて、オードリーが意地悪だったり、居丈高な態度をとるのを見たことがないと言います。周囲の人々を虜にしたのは彼女の外見でなく、その振る舞いからにじみ出てくる内面の美しさだったのでしょう。

23

フリルを取って、リボンを取って、
「そのほか」をすべて取り去れば、
大切なものの輪郭が
はっきりと見えてきます。

映画『麗しのサブリナ』の撮影中に、オードリーはファッションデザイナーのユベール・ド・ジバンシィと出会います。彼女は、シンプルでエレガントなジバンシィの服にたちまち夢中になりました。余計な装飾がなく洗練されたジバンシィの服は、同じように洗練されたオードリーの魅力を一層際立たせるようなデザインでした。長年ファッションを研究していたオードリーは、自分をより輝かせるために何が必要で何が不必要かをよく把握していたのです。

24

「身なりは人を作る」
と言いますが、
衣装は私にとって、
失いがちな自信を
与えてくれるものでも
ありました。

オードリーはファッションが大好きでした。とくに、かけがえのない親友となったジバンシィの服に、大きな信頼を寄せていました。「ジバンシィがデザインした服を着たときだけ、自分自身になれる」と語っていたオードリー。ジバンシィの服を着ると、まるでその服に護られているような気持ちになったといいます。自分が愛する服を着こなすことで生まれる自信は、自己不信に陥りがちな彼女にとってとても重要なものでした。

25

ヒッピー・スタイルを
身につけるよりも、
精神的な若さを保つほうが
若く見えるのでは
ないでしょうか。

ジバンシィやラルフ・ローレンといったブランド、サブリナパンツに黒いタートルネック。オードリーのファッションはいつもシンプルで上品、時にボーイッシュさを感じさせ、まるで彼女自身の人柄を表わしているようです。彼女のファッションスタイルは世界中に流行を巻き起こしましたが、オードリー自身は決して流行にとらわれることはありませんでした。どんな服を着るかではなく、その服をまとう自分がどうありたいかを、常に考えていたからです。

26

人は年とともに
変わっていきます。
でも、それを直視すべきです。
誰もが経験することですから。

1976年、47歳のオードリーは、長らく離れていた映画界に8年ぶりに復帰します。映画『ロビンとマリアン』で共演のショーン・コネリーとともにスクリーンに映し出されたのは、年相応に年齢を重ねたオードリーの姿でした。映画『ローマの休日』で妖精と謳われた若々しいオードリーの姿が強く印象に残っていた人々は、その変化に驚きましたが、彼女は老いによる変化を隠そうとはしませんでした。髪を染めなかったので白髪が目立ち、目じりや頰には皺(しわ)がありました。けれどオードリーは、容姿の変化に卑屈になるようなことはなく、「当たり前のこと」だと胸を張っていたのです。

27

これは笑い皺です。
笑うことほど
嬉しい贈り物はありません。

笑うことが大好きだったオードリーは、容姿の加齢を指摘されると、これは「笑い皺」だと答えました。心から笑うこと、幸せを感じることで、人は内側から輝きをあふれさせます。心の底から感じる幸福感こそが、真の美しさの源なのです。人は笑えば笑うほど美しく生き生きと輝くことを、オードリーは知っていました。晩年、がんに冒されたオードリーは、亡くなる数日前まで、周りの人々を笑わせようとしていました。彼女は笑いが人の心を癒やし、人を救うと、心から信じていたのです。

28

化粧は、あなたの外見を
美しく見せるけれど、
内面の醜さまでは
隠してくれません。

オードリーを知る人たちは、この大女優が人を悪く言ったり、意地悪をしたりするところをほとんど見たことがないと口をそろえます。彼女は常に心優しく人を気遣い、前向きに生きることを心がけていました。外見ばかりをいくら取り繕っても、それはその人の本当の美しさではない。心根の美しさこそが、その人の本当の美しさであるというのがオードリーの考えでした。

29

魅力的な唇になるためには、
優しい言葉を話しなさい。
愛らしい瞳になるためには、
人のよいところを探しなさい。

1992年、オードリーにとって最後のクリスマス・イヴ、彼女は二人の息子ショーンとルカに、大好きな詩人サム・レヴェンソンの詩の一節を朗読して聞かせました。これはその詩の一説です。誰かを思いやり、誰かのために尽くす心こそが、その人を美しくする……それはまさに、がんに侵された体でも家族を気遣い、心配をかけまいとするオードリーの慈愛に満ちた生き方、そして献身の信念と重なっていました。

30

女性の美しさは、
年月を経てこそ
輝くのよ！

1989年、最後の出演作となる映画『オールウェイズ』に出演したとき、オードリーは60歳を超えていました。監督のスティーヴン・スピルバーグが彼女に与えたのは、主人公を優しく導く現代的な天使の役でした。白いセーターを身にまとってスクリーンに映し出されるその姿は、年を重ねてより輝くような美しさにあふれています。あたたかな慈愛と思慮深さにあふれる眼差しは、オードリーが時に傷つき、悩みながらも、長い時間をかけて培ってきたものでした。女優人生のフィナーレを飾ったその姿は、時間や年齢を超越した存在……本物の天使のように人々の心に残ったのです。

Love
愛に生きた人

生涯に二度の結婚をして、
二度の離婚をしたオードリー。
敬愛する父親と生き別れた少女時代から、
最後にして最愛の伴侶を得る晩年まで、
彼女は愛を探し続けていました。
愛し、愛されながらも、愛を探し求めた人生。
彼女はなぜ、そこまで
愛にこだわったのでしょうか？

31

私はロマンティックな
女ですが、ロマンスなしで
何がありますか？

オードリーのそばにはいつもロマンスがありました。人生で二度の結婚を経験し、時には共演した男優との間に淡い恋が生まれることもありました。敬愛する父親が家を去り、厳格な母親に育てられたオードリーは、心のどこかで愛に飢えていて、自分を優しく抱きしめてくれる人を探していたのです。真実の愛を見つけることは容易ではありませんでした。それでも彼女は、人を愛そうとすることを決してやめませんでした。

32

私の最大の望みは、
キャリアウーマンにならずに
キャリアを築くことです。

1954年、オードリーは俳優で映画監督のメル・ファラーと結婚しました。自分の家庭を持つことは彼女の夢でした。結婚後も多くの出演依頼が舞い込んできましたが、彼女は家庭を優先させるために、一年に2本以上の映画には出ないと決めました。オードリーが生涯に出演した映画の本数は28本。これは彼女ほどの映画スターとしては少ない本数といえます。オードリーは仕事を慎重に吟味して引き受けることで、家族との時間を大切にしつつ、大女優としての揺るぎないキャリアを築いていったのです。

33

私の意志に逆らって、
私に何かをさせることは、
誰にもできません。
愛する夫にさえ
できないのです。

幼い頃に両親の離婚を経験していたオードリーは、結婚生活に対して難しいものという印象を抱いていました。そして注意深く行動しなければ夫婦の関係は維持できないと考え、どこまでも夫に尽くしたのです。夫メルへの献身ぶりは、周りの人々から心配されるほどでしたが、口さがない人たちが言う「夫がオードリーのすべてを支配している」という指摘に彼女は猛然と反発しました。愛を失う恐怖に怯えながらも、大切な人を優先し彼のために生きることこそが、オードリーの強い意志だったのです。

34

愛は私を怯えさせませんが、
別離は私を怯えさせます。

オードリーは愛する人を失うことをとても恐れていました。彼女の生涯は、悲しい別離の連続だったのです。敬愛した父親は、幼い彼女を残して家を出て行ってしまいました。その後体験した戦争では、多くの人々が命を落とすのを目の当たりにしました。そこにあるのが当然だったものが、ある日突然なくなる悲しみ……愛する人を失う苦しみと恐怖は、幼いオードリーの心に深い傷を残しました。だからこそオードリーは、愛する人を失わないよう、時には自分を犠牲にしてまで愛を守ろうとしたのです。

35

どんな花を飾るか。
どんな音楽をかけるか。
どんな笑顔で待つか。
大切なのは、そういうことです。

映画『パリの恋人』の撮影中、オードリーは別の映画の仕事でパリに滞在していた夫メルと一緒にホテルで生活していました。オードリーは衣服や化粧品の生活必需品はもちろん、インテリアの小物から絵まで含めた膨大な量の荷物を自ら荷造りしてホテルへ運び込みました。そしてそれらをホテルの部屋に並べて、そこを我が家へと変えてしまったのです。家族が安らげる家庭を築きたいと思っていたオードリーは、いつでも大切な人たちが心地よく過ごせるよう、心を尽くしていました。

36

私は結婚をしたら、
本物の奥さんに
なりたいのです。

最初の結婚が破たんした後の1969年、イタリアの精神科医アンドレア・ドッティと再婚したオードリーは、完璧な妻、完璧な母親になることに全精力を注いでいました。次男ルカが生まれた後は家族四人でローマに住み、オードリーはそこで主婦業に没頭します。乳母車を押して公園を散歩し、夫の帰りが遅ければ病院へ赴いて一緒に食事をとりました。夫の実家であるドッティ家との関係も良好でした。オードリーは大スターではなく、ひとりの妻として、母親としての生活を望み、その希望を叶えることに努力を注いだのでした。

37

家族が家に
帰ってきたときに、
不機嫌な妻や母では
いたくありません。

ローマの自宅で家族と暮らしていたオードリーは映画出演を断り続けました。長男のショーンが幼い頃、映画の仕事が忙しくて一緒に過ごす時間を十分にとってあげられなかったことを、深く後悔していたのです。彼女は言います、「一生を振り返ったとき、映画はあっても、自分の子どもたちのことを何も知らなかったら、それはとても悲しいことです」。1970年、次男ルカを産んだオードリーは、今度こそ映画の仕事よりも身近な人たちとの生活を優先させようと心に決めていたのです。

38

相手を心から愛していれば
すべてがうまくいくと、
誰もが希望的に考えます——
でも、いつもうまくいくとは
限らないのです。

ようやく手に入れた夫と子どもとの家庭を維持するためにひたすら心を尽くしたオードリーですが、努力の甲斐も虚しく、結局二度目の離婚を経験することになります。彼女は結婚生活を継続させるために、あらゆる努力を惜しみませんでしたが、価値観の違いや夫の不実に対する失望と幻滅は避けられないものでした。子どもたちの幸せを第一に考えた彼女は、またひとつ大きな選択をしたのでした。

39

私は潔く身を引きます。
未練がましく
騒ぎ立てたりはしません。

「もしも夫が女性に望んでいるものを私が与えられずに、彼がほかの女性を必要とするなら、私は潔く身を引きます……」。オードリーは、夫アンドレアの不実な行為に対してどんなに否定的な感情を抱いていたとしても、彼のことを悪く言ったりはしませんでした。彼女はいつも子どもたちのことを第一に考えていて、大切な子どもたちと父親の関係が損なわれることを恐れていたのです。周りにはアンドレアを悪く言う向きもありましたが、オードリーにとっては、結婚も破局も自分の責任であり、自分の敗北でした。

40

みんな愛されたいでしょう？
だから誰もが、生きていくなかで
いつも愛情を求めているのです。
私にも愛が必要です。
愛したいし、愛されたいのです。

オードリーは自分の大切な人たちに対していつでも惜しみない愛情を注ぎましたが、相手が必ずしも同じように愛を返してくれるとは限りませんでした。たとえ冷えきった結婚生活でもどうにか持続させようと努力を重ねながら、もっと愛されたいとも強く願っていました。結局彼女は二度の離婚を経験することになりますが、どちらの離婚の後も、葛藤と闘いつつ新たな男性との恋の予感を拒むことはしませんでした。愛されたいという心からの欲求が、彼女に新たな一歩を踏み出させたのです。

41

これからも人に愛され、
人を愛することが
できるとわかっていれば、
年を重ねることは
まったく怖くありません。

二人目の夫アンドレアとの結婚生活が破局へ向かい始めていた頃、オードリーは最後の伴侶となるロバート・ウォルダースと出会います。俳優でありプロデューサーでもあったロバートは、年上の妻を亡くしたばかりでした。どん底のなかで出会った二人は、戦時中に同じオランダで育ったという共通点もあり、すぐに意気投合します。悲しい結婚生活に疲れ、「もう自分は愛に縁がない」のだと思い始めていたオードリー。そんな彼女にロバートは優しく手を差し伸べて、人は何度でも愛し愛されることができると教えたのです。

42

私たちは
愛に生きています。

晩年、オードリーは最後の伴侶であるロバートと、スイス・トロシュナの屋敷で穏やかな生活を送りました。二人は最後まで結婚しませんでしたが、オードリーにとってロバートは最高のパートナーでした。「彼がいて、二人の息子たちがいて、犬たちがいて、よい映画と、おいしい食事と、おもしろいテレビ番組がある」そんなささやかな日常こそが、オードリーの幸せだったのです。別れを恐れ、夫婦として共に歩むことにこだわり続けてきたオードリーですが、人生の最後には、結婚という形にとらわれることのない愛を手に入れたのです。

43

他人が彼のことを
どう話すかより、
彼が他人のことを
どう話すかのほうが、
彼のことがよくわかるわ。

オードリーの最後の伴侶となるロバート・ウォルダースは、すばらしい男性でした。周りの友人たちからの信頼も厚く、誰に対しても優しく紳士的で、愛する人の望みを叶えることを生き甲斐とするような人物でした。どこか自分と似たところのあるロバートに、オードリーは少しずつ心を開いていき、次第に自分自身をさらけ出すようになっていったのです。

44

一緒にいなければ
ならないからではなく
一緒にいたいから、
そうしているのです。

オードリーは最愛の伴侶であるロバートと最後まで結婚しませんでした。マスコミは「なぜ結婚しないのか」と問い続けましたが、二人は結婚をする必要がなかったのです。夫婦という形ではなくても、ロバートはいつもオードリーのそばに寄り添っていました。それぞれ経済的に独立していた二人が一緒にいる理由はただ一つ、「一緒にいたいから」という想いだけでした。結婚という形式にとらわれないことで、二人はお互いの気持ちを尊重し、逆に心を寄り添わせたのです。

45

誰もが恐れているのは
老いや死ではなく、
孤独と愛情の欠如です。

ロバートという最高の伴侶を得たオードリーは、意欲的に活動を始めます。ロバートはどこまでも献身的な優しさで、彼女を不安から解放し、生き生きと輝かせました。それはほかの誰にもできなかったこと、そしてほかの誰もがオードリーにしてくれなかったことでした。「彼は私のために存在しているのです」と彼女は語りました。いつも愛を失うことを恐れていたオードリーは、心を尽くしてくれるロバートに出会って初めて、愛を心から信じることができたのです。

46

愛する力は
筋肉と同じで、
鍛えなくては
衰えてしまうのです。

「私たちには生まれつき愛する力が備わっています」とオードリーは言います。愛に飢えていた少女時代から、オードリーは愛を求め続けてきました。そして同時に、多くの愛を与え続けてきました。捨てられて顧みてもらえなくても、彼女は父親を慕い続けました。心が離れ、すれ違っても、彼女は夫たちを尊重し続けました。常に他人に与え続ける姿勢を貫いたオードリーの「人を愛する力」は、時に彼女を翻弄しますが、その人生をより豊かで満ち足りたものにしたのです。

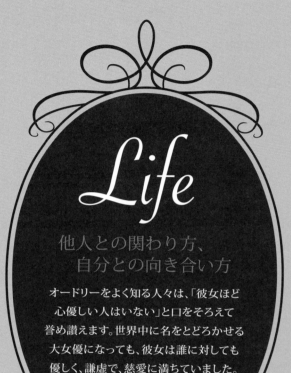

Life

他人との関わり方、
自分との向き合い方

オードリーをよく知る人々は、「彼女ほど
心優しい人はいない」と口をそろえて
誉め讃えます。世界中に名をとどろかせる
大女優になっても、彼女は誰に対しても
優しく、謙虚で、慈愛に満ちていました。
オードリーはなぜこれほど多くの
人々に愛を与えることが
できたのでしょうか？

47

私は友人として
当然のことをしただけです。

親友のデザイナー、ジバンシィがオードリーをイメージして香水を作ったとき、その香りが気に入った彼女はふざけて「私以外の人に使わせないでね」と言いました。そこから「ランテルディ(禁止)」と名づけられた香水は、オードリーの写真とともに宣伝され、人気を博します。しかし当時の夫メルは広告塔としての報酬が支払われないことに怒り、ジバンシィに支払いの約束を取り付けたのです。彼女はそれを聞いて呆れました。「彼は私の友だちです。私は彼に何も要求しないし、お金も欲しくありません。香水が欲しければドラッグストアへ行って小売値で買うわ」。彼女は女優である前に、友情を大切にする一人の人間だったのです。

48

本当の友人は
家族みたいなもの。
あなた自身が選んだ家族です。

オードリーは一度心を許した相手をどこまでも信頼して、まるで家族のように接しました。彼女は自宅に友人たちを招いたときも客扱いせずに、一緒に市場へ買い物に行き、テーブルを囲み、散歩をして、自分たちの日常に引き込んでしまうのです。化粧をしない顔で、部屋着のままの姿を見られても平気でしたし、友人たちが帰るときには、手づくりのランチを用意して「途中で食べてね」とキスをして送り出しました。

49

紅茶をいれてあげる人が
いなくなったら、
つまり、ほかの誰からも
必要とされなくなったら、
生きる意味がないと思います。

オードリーは、誰かの世話を焼いたり、誰かに何かをしてあげたりすることが好きでした。撮影旅行中に疲れた番組スタッフが、車の中でうっかりその肩に寄りかかって眠り込んでしまっても、嫌な顔ひとつしないどころか、「遠慮せずに眠りなさい」と自ら進んで膝を貸したといいます。病気で寝込んだスタッフを甲斐甲斐しく世話したり、スタッフのシャツとズボンにアイロンをかけてあげたりもしました。誰かに何かをしてあげることは、オードリーの生き甲斐でもありました。オードリーの周りに集う人々は、いつも彼女の無償の思いやりと気遣いを受けたのです。

50

そろそろゆっくりして、朝寝坊もしてみたいの。

オードリーは自分のキャリアに対しての執着がなく、愛する男性と結婚した際には、相手の人生の中で生きたいとさえ思っていました。1969年、39歳のオードリーはイタリアの精神科医アンドレア・ドッティと再婚しました。仕事へのプレッシャーや前夫メルとの不和に疲れきっていた彼女は、楽観的でユーモアのあるアンドレアとの生活で笑顔を取り戻し、以前より陽気になっていきました。12歳から休みなしで働いてきた彼女は、この結婚以降8年間「自分が主役でない人生」を望むかのように映画の仕事から遠ざかることになるのです。

51

すばらしい歌は
歌詞だけではなく曲も大切です。
だから、あなたが
何を言ったかだけではなく、
どのように言ったかが
大切なのです。

二人の息子ショーンとルカにとって、オードリーは慈愛に満ちたすばらしい母親でした。愛の大切さや、命を慈しむこと、さまざまなことを二人の息子に教えました。「あなたたちは私が作り出した最高の創造物よ」と伝えました。オードリーの母親はあまり愛情を表に出さない人でしたが、彼女はまるでその反動のように惜しみない愛を二人の息子に注ぎ込み、言葉と行動でそれを表わしました。

52

私はあまり
多くを期待しません。
そのせいか、私は
私が知るなかで誰よりも
恨みと無縁の人間です。

オードリーは相手に多くを求めませんでした。完璧主義だったために、自分に対する不満はたくさんありましたが、人に対して同じように高いハードルを課すことはなく、むしろ過度な期待をしないようにしていました。自分の身にふりかかることは、すべて自分の責任。二度の離婚のときでさえ、夫を批判しなかった彼女にとって、自分の不幸を誰かのせいにしたり、責任を負わせたりするのは、ポリシーに反することだったのです。

53

孤独になるのは
いやだけど、時には
一人にして欲しいのです。

礼儀正しくて真面目な性格のオードリーは、常に徹底した気遣いを心がけていました。だからこそ、時には一人でリラックスする時間が必要だったのでしょう。「私はいつも楽屋でたった一人でお昼を食べています。一人になって、バッテリーを充電するのです」。あるインタビューに、そう語っていたオードリー。気配りに長けた繊細な心の持ち主だからこそ、時には周りと距離を置いて、心を休める必要があったのです。

54

人類が月に達すれば達するほど、
じっと木々を眺めていたくなる。
都会に住めば住むほど、
一枚の葉を探し求めるようになる。

今の時代は、ものがあり余っている……オードリーはそう感じていました。子どもの頃に戦争を経験した彼女は、少しのもので満ち足りることを知っていました。一日に三度の食事と、外を出歩ける自由、そして家族と一緒に過ごせるだけで満足だったのです。もし彼女が平和な生活しか知らなかったら、大切なものを失う恐怖に震えることはなかったでしょう。しかし、ささやかな生活に感謝することもできなかったかもしれません。不幸な戦争体験も含めて、彼女の体験したことすべてが、オードリーという一人の女性の人格を形作っているのです。

55

私は社交的な生活に耐えられないのです。

オードリーは大勢の人たちとパーティで華やかに語り合うよりも、自然の中をのんびり歩くことが好きでした。この言葉の前に「土いじりは素晴らしい療法になります」と語っているとおり、スイス・トロシュナの自宅には、果樹園と野菜畑、花畑、そして広い庭があり、晩年がんを患った後は、たとえ体調があまり優れないときでも庭の散歩を楽しんだといいます。最後のテレビ出演となった『オードリー・ヘプバーンの庭園紀行』では世界中の庭を訪ね歩き、環境問題という言葉がまだ一般的ではなかった時代に、自然がどれほど人々の心に安らぎを与えるかを視聴者に訴えかけました。

56

知るのが
遅すぎたとしても、
知らないよりはましです。

1960年代、オードリーは長らく行方知れずだった父ジョゼフを探し出して再会し、そこから彼を経済的に支え続けていました。1980年、その父親の危篤の知らせが彼女の元に届きます。枕元に駆けつけた彼女は、父との対話により自分が深く愛されていたことを知りました。父はそのまま帰らぬ人となってしまいますが、お互いに愛し、愛されていたことを知ったオードリーは「父親に捨てられた少女」という悲しみからようやく自分自身を解放することができたのです。

57

痛みや苦しみには
不思議な性質があります。
それは、最初はあなたの敵で、
見たくも考えたくもない、
逃げ出したいような相手です。
ところが時間が経つと、
友だちのようになってしまうのです。

オードリーは数えきれないほどの辛い体験をしてきましたが、それらを振り返るとき、その心にあるのは郷愁に似た想いでした。彼女はこう言います。「深く愛している人を失うことは堪え難いけれど、何年も経つうちに、そのときの心の痛みが、失われた人を思い出す手がかりになるのです。戦争中の私の体験と、その頃に失った人々は、心の痛みのおかげで今でも私の記憶に鮮やかに残っています。恐ろしい体験こそが、安全と自由に感謝する私をつくったのです」。

58

自分の命のことは
自分で決める
権利があります。

1993年、末期のがんに冒されていたオードリーは、大好きなスイス・トロシュナの自宅で最期のときを過ごしていました。伴侶であるロバートと息子たちは一縷(いちる)の望みにかけて化学療法を勧めましたが、オードリーはそれを断りました。オードリーを愛する人々は、彼女を襲った理不尽な運命を拒絶しようとしましたが、オードリーは静かにそれを受け入れていました。「死は不公平ではなく、自然なことです。これは単なるプロセスなのだから」。オードリーの強靭な魂は、死の恐怖に取り乱すこともなく、最後の最後まで穏やかさを失うことはありませんでした。

59

私の私生活は
私だけのものです。

世界中の人々から愛されるがゆえに、常に注目されていたオードリーが「私はハリウッドであれどこであれ、その一部であったことはない」という言葉を口にしたことがあります。彼女はいつも自らで決めた道を歩み、プライヴェートの切り売りをしませんでした。だからといって排他的だったわけではありません。最後の伴侶であるロバートは、「オードリーはまるで開かれた一冊の本のようだった」と回想します。常に誠実で、謙虚で、優雅であり、そこには裏も表もありませんでした。並外れた精神力で、彼女は自分自身のために「永遠の妖精」であり続けたのです。

60

こんな幸せの定義を
聞いたことがあります。
「幸せとは、健康と物忘れの早さである」。
私が思いつきたかったくらいです。
だって、それは真実ですから。

自己不信からくる不安に駆られがちだったオードリーは、前向きに生きるためには「忘れること」が重要だと知っていました。失敗は反省するけれど、必要以上に落ち込んだり、引きずったりはしない。それが、心を平穏に保つためのコツなのです。オードリーは傷つきやすい繊細な心を持っていたからこそ、気持ちを切り替えて前へ進む方法を身につけようとしていたのです。

61

この世に不可能なんてありません。
不可能（Impossible）
という言葉自体が
「I'm possible!（私はできる！）」と
言っているのですから。

オードリーは繊細で傷つきやすい心を持つ一方、誰もが顔負けするような不屈の精神も持っていました。それは幼い頃の戦争の体験や、その後の厳しいバレエのレッスンで培われたものでした。彼女は不可能を可能にするための努力を惜しみませんでした。演技に関してほぼ素人の状態から、たった三週間の準備期間でブロードウェイの主役を演じきったこと。ソマリアの子どもたちを救うためにアメリカ軍の派兵を実現させたこと……。それらすべては、「一生懸命やれば、必ず成功する」と信じていたからこそ、成し遂げられたことなのです。

62

奇跡を信じない人は、
現実主義者とは言えません。

オードリーは、奇跡は起こせると信じていました。そしてそのためには、ひとりひとりの愛が必要だと考えていたのです。晩年のオードリーはユニセフを通じた慈善活動に従事することになります。この世界で助けを求めている子どもたち全員を救うには途方もない力が必要ですが、全世界の人々が少しずつでも力を合わせればそんな奇跡だって可能になる、そう信じたからこそオードリーは、その過酷な活動に身を投じたのです。

for Someone

そして、
だれかのために生きる

晩年、オードリーはユニセフを通じて
慈善活動を始めます。世界の恵まれない地域へ
赴き、悲惨な現状を目の当たりにすることは、
辛く過酷な使命でした。
静かな余生を送ることもできたはずなのに、
なぜオードリーは自分の身を削ってまで
活動に従事したのでしょうか？

63

かつてとても
重大だったことが、
もう大したことでは
なくなりました。

1959年、30歳のオードリーは『尼僧物語』に出演しました。尼僧を志す若い女性の成長と、さまざまな葛藤を描いた物語です。この直前に流産を経験していたオードリーにとっては、精神的に不安定な時期の撮影でした。しかし実際の修道院を訪れ、伝道師たちの話を聞き、苦しみに耐え忍ぶ人々の姿を目の当たりにしたことで「ある種の穏やかな心境」を得たと言っています。この撮影を通して彼女は、自分がどれほど恵まれているかを思い知らされ、自分の悩みが小さなものだと気づいたのかもしれません。

64

子どもたちは
発言力を持っていません。
彼らには私たちの助けが
必要なのです。

晩年のオードリーはユニセフを通じて慈善活動に従事します。元々子どもが好きだったこともあり、世界のどこかで苦しんでいる子どもたちを放っておけなかったのでしょう。さらにユニセフは、オードリーにとって特別な存在でした。終戦直後、長く続いた過酷な生活のなかで、すっかり衰弱した幼い彼女を救ったのは、連合国救済復興機関UNRRA（アンラ）……現在のユニセフの前身だったのです。

65

私がここへ来たのは、
人に見られるためではありません。
世界中の人に、
自分以外の人々のことを
考えてもらいたくて来たのです。

1988年、オードリーはユニセフの特別親善大使を務めることになりました。それはとても過酷なものでした。年に一度の手当はないに等しく、公的な交通費と宿泊費以外はすべて自己負担。視察先の国で病気に感染する危険や、戦闘に巻き込まれる危険もありました。生半可な覚悟ではとても務まらない仕事です。それでも彼女は、それを引き受けました。彼女をここまで導いてきた強い意志の力は、いまや一刻も早く子どもたちを救うという使命に向けられていたのです。

66

私が有名であるのは
うれしいことです。
そのおかげで
役に立てるのですから。

ユニセフには国連の予算の割当がなく、活動に必要な資金はすべて寄付金によってまかなわれていました。オードリーは、各国の募金運動の大きな推進力となりました。彼女がイベントやテレビ番組で訴えかけるたびに、多額の寄付金が集まったのです。常にひっ迫した資金問題を抱えるユニセフにとって、彼女は救世主のような存在でした。これまで名声にとらわれずに生きてきたオードリーは、自分が有名になった必然性を深く噛みしめ、自分が築いてきたキャリアを、世界の子どもたちのために使えることに喜びを感じていました。

67

まだ支援を始めていない人々は、
そうしたくないのではなく、
きっと支援が必要だということを
知らないのです。

ユニセフの象徴となったオードリーの使命は、何もかもが手遅れになる前に、世界中の人々に支援を訴えかけることでした。次なる活動のための視察旅行へ赴く際の服装は、チノパンかジーンズに、ラコステのポロシャツ、そして首にはスカーフというラフなもの。エレガントなジバンシィのドレスを着込んだハリウッドスターからはかけ離れた姿でしたが、凛とした姿には気品と優雅さがあふれていました。その活動が広く知られはじめたオードリーは、「聖オードリー」「デザイナーズジーンズをはいたマザー・テレサ」と呼ばれ、世界の人々は、かつて妖精と呼ばれた大女優の活動に注目したのです。

68

私は自分に
問いかけます。
あなたに何ができるのか？

恵まれない地域の過酷な現状を知れば知るほど、自分の無力さを思い知ることになります。オードリーは自分一人の力が小さく弱いものだと知っていましたが、それでも持てる力を尽くそうと決意していました。視察旅行から戻ると、休む間もなく記者会見のために世界各国を飛び回るハードスケジュール。しかもその活動はすべて彼女の自費で行われました。今まではできるだけ避けてきたインタビューも積極的に受けて、世界に向けて支援を訴え続けました。彼女は自分のキャリアを最大限に利用して、子どもたちのためにできることを実行したのです。

69

これは犠牲ではありません。
私が授かった贈り物です。

「自分の時間を犠牲にしている」という意見に、オードリーは反論しました。「犠牲とは、しかたのないことのために、したいことを諦めることでしょう」。彼女にとっては、ユニセフの活動こそが今一番「したいこと」でした。助けを求める子どもたちの声を世界へ届けて、その子どもたちを救うことは、そのままオードリーの幸福でもあったのです。

70

自分のしていることが
大切だとわかっています。
だから、私は幸せです。

彼女の映画界への復帰を望む声は少なくありませんでした。どんなに「映画の仕事をすればいいのに」と言われてもオードリーは冷静でした。自分のしている活動がどれほど重要であるか、それがどんな充実感をもたらすかを痛いほど理解していたからです。幸せは相対的なものではなく、絶対的なもの。自分自身が決めるものです。自分のしていることが意義のあることだと信じることができれば、それはその人の幸福に結びつくのです。

71

子どもを否定することは
命を否定することです。

オードリーはユニセフの活動を否定するシニシズム（社会風習や既存の価値理念などに対して、懐疑的で冷笑するような態度をとる傾向）と真っ向から対決しました。「あなたのしていることは無意味で、ただ子どもの苦しみを長引かせているだけ」という批判に対し、オードリーは毅然と反論しています。「では、あなたの孫が肺炎になっても抗生物質を買わないでください。事故にあっても病院へ連れて行かないでください。そういう考えは人間性に反するものです」と。

72

戦争学はあるのに平和学がないなんて、おかしいと思います。

「戦争を教える学校があるのに、なぜ私たちは平和を学べないのでしょう」1991年、湾岸戦争が始まってから一週間後、オードリーはユニセフの会議に出席していました。戦争が終わってからの支援について話し合いが行われるなか、オードリーは「戦争を引き起こした不正に対して抗議するのがユニセフの義務です」と訴えました。飢餓や紛争、殺戮……悲劇を創り出しているのはほかでもない人間です。しかし、それを解決することも人間にしかできないのだという答えに、彼女はたどり着いていたのかもしれません。

73

心の平安は、この世に存在しないと思います。

1992年、ユニセフの視察旅行でソマリアを訪れたオードリーは、激しい憤りを感じていました。内戦と飢饉で荒廃したソマリアは、罪のない多くの人々が日々死んでいく地獄のような状態だったのです。その惨状は、彼女の心を打ちのめしました。「心の平安は、まだ世の中のことを何も知らない子どもにだけ訪れる」とオードリーは語ります。世界の惨状を知れば知るほど、心は疲弊して、胸の内は平穏からかけ離れていきましたが、オードリーは知ることをやめませんでした。不平等に対する深い悲しみと激しい怒りこそが、世界を惨状から救おうとする活動の原動力となったのです。

74

千人の世話はできません。
けれど、一人でも
救うことができるなら、
私は喜んでそうします。

内戦と飢饉で疲弊したソマリアの視察を終えたオードリーは、ロンドンやパリで記者会見を開きました。アメリカではたくさんのテレビ番組に出演して、その惨状を全世界に訴えました。彼女の活動は多くの国で報道され、世界中の関心がこの国に集まりました。アメリカの軍隊がソマリアへ派遣されたのは、それから間もなくのこと。「誰にでも何かできることがある」と言い続け、自分のできることを積み重ねたひとりの女優の熱意と勇気に満ちた活動が、アメリカ軍の派兵を促したのです。

75

おそらく、立ち向かおうとはしません。
どうにもならないと
思うこともあります。
心が痛みます。それでも、
背を向けて立ち去ることは
できないのです。

あまりにも残酷で手の打ちようがない現実を目の当たりにしたとき、オードリーは途方もない無力感と絶望に打ちのめされました。それでも、助けが必要な人々を見捨てたり、彼らに背を向けたりはしませんでした。自暴自棄になったり無茶をしたりするようなこともありませんでした。ただ決して目をそらしたりせず、そこから逃げ出さずにできることだけをし続けるという強靭な精神を持っていたのです。

76

私はまたあの国へ戻ります。
あの国の人々を
絶望させたくないからです。

ユニセフの特別親善大使になってから8回の視察旅行へ赴いたオードリー。そのどれもが、残酷で悲しい世界の実態を思い知る旅でした。過酷な現実を突きつけられるたびに、彼女の繊細な心は悲鳴を上げたことでしょう。それでもオードリーは、助けの必要な人がいるかぎり手を差し伸べました。苦しみに喘ぐ人々に比べたら、自分の苦痛など取るに足らないものだったからです。その慈愛の心には、限りがありませんでした。

77

愛は言葉だけではなく、行動することなのです。

晩年、オードリーのクローゼットには十着ほどのドレスしかなかったといわれています。そのほとんどを、チャリティへ出してしまったからです。以前は「ジバンシィの服に護られている気がする」と語っていた彼女が、晩年のユニセフでの活動の際は、シンプルなチノパンとポロシャツ姿でした。けれどその傍らには常に、最愛の伴侶であるロバートが寄り添っていました。ロバートはオードリーの視察旅行に同行して、過酷な旅の間中、彼女を支え続けました。愛によって守られ、愛を与えて人々を救ったオードリー。その情熱の残り火は今も確かに燃え続け、人々の胸を熱くさせているのです。

「私は自分がスターになるなんて思っていなかったし、なりたいとも思っていなかった」

愛する父と生き別れ、
悲惨な戦争に苦しんだ子ども時代。
バレエダンサーを夢みてレッスンに明け暮れた十代。
夢を諦めて、食べていくために女優となり、
持ち前の才覚で幸運をつかんで、
一気にスター女優へと上り詰めた二十代。
息子たちとの時間のために、
人気絶頂のなかで映画出演を控えた三十代。
家族に尽くしつつも二度の離婚を経験し、
その後ようやく真の愛を手に入れた四十代、五十代。
そして自分がもらったものを返すべく、
世界の子どもたちを救う活動へ身を投じた晩年。

人々に愛され、才能に恵まれ、順風満帆な人生を送ってきたように思われがちなオードリーですが、その裏側で彼女は常に苦悩し、何が最善なのかを考え抜いて、ひとつひとつ選択をしてきたのです。

優雅で気品にあふれる笑顔の向こうには、ふりかかる苦難に揺らぐことなく、静かに凛と立ち向かう芯の強さが隠されていました。だからこそ、オードリーは最後の最後まで輝きを失わなかったのです。

彼女の強く高潔な生き方は、彼女がこの世を去ってからも、人々の憧れと尊敬を集めて、星のように輝いています。

オードリーは、生涯を通して常に愛を求めていました。そして求めると同時に、周りに愛を与えていたのです。オードリーの内側からあふれていたものは、「愛されたい、愛したい」という純粋な心。それこそが、彼女がいまも世界中から愛され続ける理由ではないでしょうか。

どんなときも、心に愛を持ち続けること。
人としてもっとも重要なことを知っていて、そしてそれを体現し続けたオードリーは、これからもいつまでも人々に愛され続ける存在となったのです。

AUDREY HEPBURN
オードリー・ヘップバーン　年表

1929		5月4日、ベルギーのブリュッセルに誕生。世界恐慌が起こる。
1935	6歳	両親が別居。ロンドンの寄宿学校に入学。バレエと出会う。
1938	9歳	両親が離婚。
1939	10歳	第二次世界大戦勃発。ロンドンからオランダのアルンヘムへ移住する。
1941	12歳	バレエ・スクールの公演で好評を得る。
1945	16歳	第二次世界大戦終結。アルンヘムからアムステルダムへ移住する。
1947	18歳	オランダの映画『Dutch in Seven Lessons』撮影。端役で出演する。
1948	19歳	イギリスへ移住して、マリー・ランバート・バレエ学校に入学する。
1949	20歳	バレエの師マリー・ランバートに、「プリマ・バレリーナにはなれない」と言われて、ミュージカルの舞台に端役で出演し始める。
1950	21歳	映画『ラベンダー・ヒル・モブ』撮影。端役で出演。
1951	22歳	映画『初恋』で準主役を演じる。『素晴らしき遺産』『若妻物語』に端役で出演。映画『モンテカルロへ行こう』に出演。その撮影時にフランスの作家シドニー＝ガブリエル・コレットに見出され、ニューヨークへ向かう。舞台『ジジ』で初のブロードウェイ舞台の主役を演じる。イギリスの富豪ジェームズ・ハンソンと交際。
1952	23歳	ジェームズ・ハンソンと婚約解消。
1953	24歳	映画『ローマの休日』に出演。ウィリアム・ワイラー監督、グレゴリー・ペック共演でハリウッド・デビュー。ファッション・デザイナーのユベール・ド・ジバンシィ、俳優兼プロデューサーのメル・ファラーと出会う。
1954	25歳	映画『麗しのサブリナ』ビリー・ワイルダー監督、ハンフリー・ボガート、ウィリアム・ホールデン共演。舞台『オンディーヌ』メル・ファラー共演。『ローマの休日』でアカデミー主演女優賞受賞。『オンディーヌ』でトニー賞主演舞台女優賞受賞。メル・ファラーと結婚。

1956	27歳	映画『戦争と平和』キング・ヴィダー監督、ヘンリー・フォンダ、メル・ファラー共演。
1957	28歳	映画『パリの恋人』スタンリー・ドーネン監督、フレッド・アステア共演。 映画『昼下がりの情事』ビリー・ワイルダー監督、ゲイリー・クーパー共演。
1959	30歳	映画『尼僧物語』フレッド・ジンネマン監督、ピーター・フィンチ共演。 映画『緑の館』メル・ファラー監督、アンソニー・パーキンス共演。
1960	31歳	長男ショーンを出産。 映画『許されざる者』ジョン・ヒューストン監督、バート・ランカスター共演。
1961	32歳	映画『ティファニーで朝食を』ブレイク・エドワーズ監督、ジョージ・ペパード共演。 映画『噂の二人』ウィリアム・ワイラー監督、シャーリー・マクレーン共演。
1963	34歳	映画『シャレード』スタンリー・ドーネン監督、ケイリー・グラント共演。 ケネディ大統領暗殺。
1964	35歳	映画『パリで一緒に』リチャード・クワイン監督、ウィリアム・ホールデン共演。 映画『マイ・フェア・レディ』ジョージ・キューカー監督、レックス・ハリスン共演。 スイスのトロシュナに住む。
1966	37歳	映画『おしゃれ泥棒』ウィリアム・ワイラー監督、ピーター・オトゥール共演。
1967	38歳	メル・ファラーと別居。 映画『いつも2人で』スタンリー・ドーネン監督、アルバート・フィニー共演。 映画『暗くなるまで待って』テレンス・ヤング監督、アラン・アーキン共演。
1968	39歳	メル・ファラーと離婚。 イタリアの精神科医アンドレア・ドッティと出会う。
1969	40歳	アンドレア・ドッティと結婚。

1970	41歳	次男ルカを出産。
1976	47歳	映画『ロビンとマリアン』リチャード・レスター監督、ショーン・コネリー共演。
1979	50歳	映画『華麗なる相続人』テレンス・ヤング監督、ベン・ギャザラ共演。
1980	51歳	アンドレア・ドッティとの離婚を申し立てる。俳優ロバート・ウォルダースと出会う。
1981	52歳	映画『ニューヨークの恋人たち』ピーター・ボグダノヴィッチ監督、ベン・ギャザラ共演。
1982	53歳	アンドレア・ドッティと離婚成立。
1987	58歳	ワールド・フィルハーモニック・オーケストラとともに来日。ユニセフ大使としてスピーチをする。
1988	59歳	最初の視察旅行でエチオピアへ。続けて、トルコ、南アメリカを訪問。
1989	60歳	映画『オールウェイズ』スティーブン・スピルバーグ監督、リチャード・ドレイファス共演。これが最後の映画出演となる。ユニセフの視察旅行で中央アメリカ、スーダン、バングラデシュを訪問。ユニセフ親善大使就任インタビュー。
1990	61歳	慈善コンサートでアンネの日記を朗読。テレビシリーズ『オードリー・ヘップバーンの庭園紀行』の撮影はじまる。ユニセフの視察旅行でベトナムを訪問。
1991	62歳	湾岸戦争勃発。反戦のスピーチをする。募金を目的としたイベント『オードリー・ヘップバーンをたたえる夕べ』開催。
1992	63歳	ユニセフの視察旅行でソマリアを訪問。これが最後の視察旅行となる。11月にがんの摘出手術を受けるが、転移が発覚。自宅療養となる。
1993		1月10日、映画演劇者組合の功労賞を受賞。1月20日、スイス・トロシュナの自宅で永眠。享年63歳。没後、アカデミー賞ジーン・ハーショルト友愛賞を受賞。
1994		オードリー・ヘップバーン児童基金設立。

写真提供：アフロ（駒井ケン、Newscom、藤井英男、TARO NAKAJIMA、Alamy、GYRO PHOTOGRAPHY、Christof Sonderegger、Roger-Viollet、StockFood、Everett Collection、AGE FOTOSTOCK、imago、阿部高嗣、Album、Globe Photos、Danita Delamont、KOGURE SHIGEO/Gamma、BARRITT DAVID/Gamma、R.A./Gamma、学研、Photofest、Robert Harding）

参考書籍
『オードリー・ヘップバーン物語（上）』バリー・パリス 著, 永井淳 訳（集英社）
『オードリー・ヘップバーン物語（下）』バリー・パリス 著, 永井淳 訳（集英社）
『オードリー・ヘップバーンという生き方』山口 路子（KADOKAWA／中経出版）
『Audrey Hepburn: Quotes & Facts』(Blago Kirov)

私は幸せな人が
一番美しいと信じています。
明日は明日の風が吹くと
信じています。
そして何より……
奇跡を信じています。

I believe happy girls are
the prettiest girls.
I believe that
tomorrow is another day,
and... I believe in miracles.

I am proud to have been in a business that gives pleasure, creates beauty, and awakens our conscience, arouses compassion, and perhaps most importantly, gives millions a respite from our so violent world.

STATEMENT ACCEPTING
THE SCREEN ACTORS GUILD ACHIEVEMENT AWARD
(JANUARY 1993)

映画は人々に喜びを与え、
美しさを創り出し、
良心や思いやりを呼び覚まします。

そして何より、この過酷な世の中で
何百万という人々に、しばしの休息を
与えることができます。

私は映画という仕事に
たずさわれたことを誇りに思います。

1993年1月10日、亡くなる10日前に
映画演劇者組合の功労賞を受賞したオードリー。
病床の彼女に代わって
ジュリア・ロバーツによって読み上げられた、
オードリー最後の公式ステートメント。

STUDIO PAPER PLANET 編著

EDITOR'S STAFF
PRODUCE　　F.D.5.プロジェクト
DESIGN　　　木野 彩花　浜崎 麻未子
EDITOR　　　鈴木 信隆　高橋 千奈　窪田 藍子

ILLUSTRATION　高篠 裕子（asterisk-agency）

美人時間ブック
AUDREY'S WORDS（オードリーズ　ワーズ）
愛される人になるための77の言葉

2016年1月20日 初版第1刷発行

発 行 者　　駒井 稔
発 行 所　　株式会社 光文社
　　　　　　〒112-8011　東京都文京区音羽1-16-6
　　　　　　電話 編集部 03-5395-8172　書籍販売部 03-5395-8116　業務部 03-5395-8125
　　　　　　メール bijin@kobunsha.com
　　　　　　落丁本・乱丁本は業務部にご連絡くだされば、お取り替えいたします。

組　　版　　堀内印刷
印 刷 所　　堀内印刷
製 本 所　　ナショナル製本

JCOPY〈（社）出版者著作権管理機構 委託出版物〉

本書の無断複写複製（コピー）は著作権法上での例外を除き禁じられています。
本書をコピーされる場合は、そのつど事前に、
（社）出版者著作権管理機構（電話：03-3513-6969　e-mail：info@jcopy.or.jp）の許諾を得てください。
本書の電子化は私的利用に限り、著作権法上認められています。
ただし代行業者等の第三者による電子データ化および電子書籍化は、
いかなる場合も認められておりません。

©Kobunsha 2016
ISBN 978-4-334-97854-9　Printed in Japan